GEERDET

Bibliografische Information Der Deutschen Bibliothek
Die Deutsche Bibliothek verzeichnet diese Publikation in der Deutschen National-
bibliografie; detaillierte bibliografische Daten sind im Internet über http://dnb.ddb.de
abrufbar.

Klünner, Lothar:
Geerdet. Gedichte 2000 - 2005 / Lothar Klünner. – 1. Aufl. – Norderstedt : BoD, 2006
© 2006 Lothar Klünner

Layout, Satz (gesetzt in der Clearface) und Einbandgestaltung (unter Verwendung
einer Druckplatte von Mikos Meininger):
Rainer Tschernay
www.ratsch.com

Herstellung und Verlag:
BoD – Books on Demand GmbH
Gutenbergring 53
D-22848 Norderstedt
www.bod.de

Printed in Germany
ISBN: 3-8334-4893-8

Lothar Klünner

GEERDET

Gedichte
2000 - 2005

Der Blitz regiert das All
Heraklit

Der Blitz ist mir von Dauer
René Char

STRUDEL

2000

Hinter dem prangenden Flieder, der sich noch gestern allen Versen verschloß, sind die Tage zu Froschlaich geschmolzen, lauert, verklumpt, meine Zeit. Trotzige Strophen träumt sie mir zu, lädt Geister zu Hilfe, die jedes Neuland verheeren, – *en avant, en avant!*

Nein, nicht länger ins Weite. Wenn auch, halb im Sumpf, halb auf geborstener Dürre, unsere Hunde noch springen, unsere Kinder noch spielen, – das Gedicht schert aus, folgt dem Kompaß der Turmsegler, der zum Zenit inkliniert.

Nach oben, das ist innen. Die mit der Nacht paktieren, sind den Tagedienern einen Kometen schuldig. Der zeigt keinen Ausweg. Doch den unfaßbaren Reichtum der einsamen Umlaufbahn.

(Semlin)

Die Dorfstraße: das kranke Gelb der Laternen, ihre Druck-
welle. Sie ließ den Ahorn verdorren, halbseits, hat das Pflaster
kontaminiert. Jeder von uns ist hier gezeichnet.

Wir werden ihn privatisieren. Wir gehen mit ihm an die Börse
(– oder der Ahorn mit uns). Der pokert hoch, fusioniert mit
der Pappel. Crash! Was dann? Raps! Feindliche Übernahme.
Raps gerät unter Druck. Die Anleger in Panik. Das Ende.

Die Straße wird gesperrt. Der Golfplatz erweitert. Anlieger
frei.

Wer geht, den befragt
das offene Gartentor:
Du weißt, was du tust?

Nicht bloß die Mücken,
das Universum folgt dir
auf einsamem Weg.

Um nichts zu suchen:
Wo schlummerst du, süßes Nichts?
Wie küß ich dich wach?

Wo der Fuß hintritt,
ist mir Nichtiges wichtig,
Wichtigkeit nichtig.

Die Wiese ihr Bett.
Ihr lachender Gruß so rein,
Herz auf Herz geschmiegt.

Der Chor der Frösche
schreibt mit an meinem Gedicht,
verstummt bei Gefahr.

Beim Schließen des Tors
erhebt sich der Große Bär.
Er blinzelt mir nach.

Es ist nicht wahr, daß die sechs Kähne, die in der Obhut des Schilfrohrs am Steg vertäut liegen, nur auf Unfug sinnen. Wohl zetert der eine, quietscht der andre, toben sie alle zu Recht, wenn die Bugwelle der Flitzer sie aus der sonnigen Ruhe kitzelt. Bald aber flüstern sie wieder, kichern verschämt, stammeln und brabbeln mir Schauermärchen vom letzten Gewittersturm.

Dennoch, wenn der Wind von Osten her auffrischt, werden sie nervös, reiben sich schroff aneinander, kreischen sich an, streiten – jeder einzelne gegen jeden. Das muß schon Befürchtungen wecken, doch ich lasse mich nicht provozieren.

Ich denke nicht daran, mich zu verbrüdern. Indessen genügt es, sie ernst zu nehmen, um als einer der Ihren zu gelten. Schon zieht es mich längsseits, lautlos gleite ich zwischen Bläßhuhn und Haubentaucher dahin. Moos überwuchert mir Schädel und Stirn, die Arme treiben Astwerk und Schößlinge der Sonne entgegen, ich bin eine Insel mit Palmenstränden und bergigem Hinterland, ein Archipel, ein Sternhaufen im Eridanus, bin mit allem einverstanden, bin ein Niemand, ein Nichts, bin einverstanden mit allem, mit allem im All …

Die wir im unzerreißbaren
Netzwerk
flattern und flattern,
Zeit-umstrickt, –
da ist kein Auftrieb,
keine Flugbahn
und, was da rauscht, ist
kein Pfeil.

Doch es rüttelt
an dir, es zerrt.
Ein Wettstreit der Kräfte
rings – und innen
der Taumel der Bild-Moleküle –
reißt dich ins Abseits.

Nach jedem Rausch
die unerbittliche
heilsame Fremde.

VOR DEM DEICH

2000

Der Regen hat sich ausgedehnt. Jetzt vibriert er in der Zimmerflucht, wächst durch die Haut, schwappt ans Skelett. Auf einmal weiß ich, daß ich eine Wolke bin, auch ein unendlich trinkfroher Waldboden, ein Meer. Wie zärtlich umarme ich zum Beispiel dieses heranwogende Luftschiff! Ich schmelze mit ihm zusammen, ich taumle vor Glück. Meine Euphorie ist nicht zu bezähmen, sie ist schrankenlos. Ich ziehe meine Bahn um den Globus wie ein Satellit. Ich bin der Regenmond, den der Neandertaler anbetete, bin der Erfüller uneingestandener Wünsche, stelle Potenz bereit bei Bedarf. Ihr dürft mich *Monade* nennen, *Monster*, *Monsun*, *Monstranz*, wie ihr wollt. Ich bin immer zur Stelle. Ich durchpulse euch bis ins letzte Gen, schwimme zu jeder Zeit an jedem Ort, ziehe im Nanobereich meine Spiralen wie durch die Lichtjahre jenseits der Antimaterie.

Zu sehen bekommt ihr mich nicht. Ihr würdet mich doch nur für einen Komiker halten, und welcher Komiker ist schon verläßlich? So aber bleibt, sofern ihr mich auf die Probe stellt – und je öfter ihr's tut, um so gewisser –, unsere Freundschaft gesichert. – Macht's gut!

Wenn bloß der Regen bald aufhört!

Im Rücken, im Nacken, im Hinterkopf dieses Rauschen, Brausen und Krachen! Es ist die Stadt, nein, es ist das Meer, es sind die Leidenschaften, das gelebte Leben, die Feuersbrunst. Das lärmt in den riesigen Tiegel der Leere, wirbelt im Kreise, dröhnend und widertönend.

Schließ ich die Augen, seh ich, was da immer von neuem anschwillt und abschwillt und wieder anschwillt: das Gemetzel, das heiterste Meucheln, das Schluchzen, den Puls der Vergeblichkeit, – seh ich, was war.

Doch jedes flüchtige Blinzeln zeigt mir zur rechten wie linken, was ist: Pferche und Trichter, Gruben und Höhlen – wer bewohnt diese Nischen? Ist es der Eros, der Sappho *bittersüßes kriechendes Tier*? Sind es Migranten? Bin ich es, bist du's? Und wer wird überstehn?

Vor mir das Weiß der leeren Seite (eine von nur sehr wenigen noch!), seine klagende Rhetorik, ständiges Fragen und Mahnen. Eile mahnt es an, unter anderem. Es bleibt nicht mehr lange zu Diensten, wird bald, was bevorsteht, nicht länger verhüllen: den Atemstillstand, die Reglosigkeit, das Verwehen, die kaum hörbar schon zirpen.

Das Gedicht war mein Haus. Weit
offen die Fenster. Da hindurch
zerrt
schiebt
dieser fremde Wind
seine Welt, sein Gelächter.
Meine Last.

Allen Mühen zum Trotz
dunkelt ihr Wrasen
Spur vieler Jahre
auf Zeichen und Bild.

Dieses Haus ist mein Gedicht.

Geh

Grau das Zermalmlicht,
hol's aus der Brandung,
tränk es dir ein.

Auch ohne Sonne
schießt frische Wolken-
milch in die harzig
gewordenen Träume,
mischt sich minoischer Dolch-
glanz in die chrom-
scheckige Sonntagsruhe.

Geh! Eines Tags
schlägt man den Abschied
dir aus der Hand.

VERSENK nicht den Anker, wirf ihn nach oben! Wenn die Sonne ihn schmilzt, bist du gut vertäut. Ihr entflammbares Blut vermischt unsere Himmel und Meere auf Lebenszeit.

DER TAG hat meiner Starre einen Weg in den Sand gezeichnet. Zögernd nur folge ich ihm unter der ungebärdigen Sonne. Ein Weg, der von einer Einsamkeit in die nächste führt, hadere ich, kann schwerlich der meine sein.
Schwerlich zuerst, das ist wahr. Aber dann!

NICHTS ist mehr singbar. Ob ich glüh oder schlottere, eine einzige Frage erstickt den Gesang. Und es bleibt nur das alberne Dröhnen der Bässe.
Will ich mich einschreiben in die offenstehende Nacht, fährt mir der Wind durchs Haar, zerfetzt den Gedanken, zerrenkt, zerbröselt die Rede. Nichts ist mehr sagbar.
Bleiben die Spiele der Stammler. Kunst – nur Behelf? Hilft immer zu spät. Kommt zu früh.

WAS GESCHIEHT, wenn die Abendsonne ihr Blut über den halben Himmel ergießt und in die Düne spült? Werden die Hunde danach schnappen, die Liebenden sich darin wälzen?
Nichts. Da ist weder Trost noch Stachel. Nur dieser Befund und seine eisige Schönheit.

SEENKETTE

Havelland

I

Sie rauschen ihre Texte, die Pappeln, das Schilf; die Wellen palavern mit bräunlich schäumenden Lippen, – was antwortest du? Da legt sich die Brache ins Bild, die Leere, ein bis zwei Kilometer, für den Wind ein Leichtes, ein Nichts. Du bist kein Wind, längst wissen wir das, doch tu's: von Ufer zu Ufer, gemach, schreib deine Antwort in unsere dröhnende Leere.

II

Miss dieses Land, miß es aus
nach dem Maß deiner Liebe zur Nacht,
bei Tage umgreif's mit dem Atem.
Es kommen die Frühnebelschreie,
schäumen, hasten ans Ufer,
torkeln durchs Queckengras, flattern
mittags zum Licht und verebben.

War ehedem klare Sicht,
so wachsen nun Klüfte und Breschen,
mehren sich Flüchte, es leimen
die Schnecken sich an den Flieder.
Zersetzen wir seine Chemie!
Aber wie kreisen wir's ein?
Sintern ihm unter die Haut?

Freunde, ach wär'n wir unkenntlich!
Doch subversiv wie der Mai
ist schwerlich ein Reigen von Bildern.
Ins eigene Dunkel getaucht,
sind wir den Rätseln am nächsten.
Befragen wir unsere Nacht,
licht wird es über dem Land.

Ich wollt', ich wär's: der Transmitter. Ich tränke die Gedanken des Waldes, hüllte mich in die Klage der Seen, vernaschte die Lieder der Sterne. Und wie ich diesen Cocktail verdaute! Ihr dürftet – mit dem richtigen Code, natürlich – meinen Nabel befragen. Prompt emittierte er digital die Reinschrift eifernder Wesen, empörter Dinge. Endlich läge das Leben euch auf der Hand: lesbar, meßbar, quantifiziert.

IV

Die Wiese gekräuselt
schäumend von Sumpfgelächter.
Gelb ins Gesicht
feixt dir der Sand.
Hüte nur deinen Traum!
Laß sie nichts hören!
Schlaf ihnen bei.

Grab dir ein Grab.
Kommen die Dachse, verspielt
buddeln dich wach
gemeinden dich ein
ihr Brief und Siegel Urin.
Lern ihren Vers! – Ach
dies zynische Binsengekicher!

Da halte durch – du weißt
unsre globale Brigade
zählt nur verlorene Posten.
Was wiegt noch des heiligen Franz
ornithologischer Ruhm?
Wir haben zuviel und nichts
was uns selber gehört.

V

WIR HIER (das sind die Zementgeborenen und, nicht zu vergessen, auch die Sandgeborenen) haben nicht Berge noch Meer zu Gevattern. Kein Polarstern, – die Lichtreklame wies uns den Weg. War da was, oben? Nicht daß wir wüßten. Die Liebe, so hieß es, sei früh schon trockengefallen. Und tief, in der Tat. Daraus erwuchs, zwangsläufig fast, *Europas Flachland*, zu lange verschossen, verknallt in seine verlorenen Kriege.
So gelehrig jetzt und beflissen! Doch was hilft's? Zu wenig gereift. Wo die Wärme fehlt, bleibt alles roh.

VI

Der Wind flaute ab. Der Wald nützt die Chance: verdoppelt sich horizontalsymmetrisch im See. Nun glotzt er sich an im letzten Licht, döst. Meine Fragen prallen ab an seinem trotzigen Schweigen.

Nicht verzagen! Geht's nicht frontal, schaffen sie's via Mondsichel. Die gewinnt langsam Raum über den Wipfeln. Wenn ihr Schimmer aus der Wassertiefe und erst recht aus heiterer Höhe sich Zutritt verschafft, schick ich die neugierigen mit auf die Reise. Sie rieseln durchs Laubwerk, gleiten über Dickicht und Unterholz, durchfeuchten den Humus, schmiegen sich an die Bäume. Diese Fragen sind oft indiskret, nicht selten frivol, werden aber niemals verübelt. Im Gegenteil: da springt ein Gekicher von Blatt zu Blatt, von einem Nadelwedel zum andern, und das plötzliche Verstummen scheint eine Beratung anzudeuten, welchen Bescheids sie wohl wert seien.

Ja, hört nur! Fremdling, heißt es da, *du kitzelst an empfindlicher Stelle. Tritt näher. Doch kein Mond wird dir unsere Intimsphäre ausleuchten, solang deine Weisheit nicht in ein Kleid aus lebenden Ameisen schlüpft.*

VII

Rabiat fährt die Mittagsböe
ins dumpfe Verhau
dem bleiernen Schlaf durch die Kronen.
Leicht und licht
bricht mein Atem sich Bahn
tanzt durch den kreiselnden Staub
flutscht durch das Kienspangeschwafel.

Das Laubdach
ob Erlen, ob Linden
mit mir im Schlepp
schon schwebt es davon
unterm Beifall der Pappeln
Protesten der Kiefern und Fichten
bis zur weichen Landung im Sand.

Und wieder der Schlaf
der die Fragen zur Farce
zur Wunde höhlt
und es bleibt der Verlust
und die Gier nach der Wolke
dem Einzug ins Erbteil
im *Land nebenan*.

ENTR'ACTE I

2001

Freund oder Feind –
unkenntlich wird ihr Gesicht
im blinden Störfeuer der Einfälle.
Oft aber taugt das gezielte Bild
auch nur als Muster ohne Wert.
Bliebe allein die traumgezeugte Metapher?

Für Maximilian Barck

Lange hat uns die Schönheit der jungen Revolte genährt; all
die verordneten Trugbilder ausgeblendet durch den Glanz ei-
nes Traums. Du hast zum Dank sie hundertfach modelliert,
hast ihr die Ernte der Freunde zu Füßen gelegt: kostbar ge-
bundene Garben aus Farbgewittern und Zungenreden.
Immer noch treiben wir diesem gespenstischen Globus die
Keile unseres Verlangens unter die Rinde, – Aufwühler, Schatz-
gräber, unübertroffen in der Arroganz unsres Scheiterns.

Für Strawalde

Ihr Blick reicht weit. Er sucht nicht, hat kein Ziel, sticht unbekümmert durch den Kranz der Zeiten, – trifft. Dort, wo er oberhalb des Herzens mich durchquert, brennt wie ein Kainszeichen sich die Klage ein: Was suchten feige wir, seit uns die Fülle schreckte, die eine brüderliche Erde bot, Asyl bei neiderfüllten Göttern, einem früh verschollenen Vater und beim Zeitgeist: blindem Götzen *just for fun!*
Ein einziger langer Blick, – der nimmt sich stolz zurück und trauert stumm.

»Zwei Frauen am Strand«
Bleistiftzeichnung von Pablo Picasso

Für Heinz Berggruen in Dankbarkeit

Wenn das Meer seinen Frieden ins Endlose dehnt, wird der Leib leichte Beute des Himmels. Längst sind die Worte verweht, rieseln ins Uferglück aus dem strähnigen Haar. Wo eben noch Brüste nach zärtlicher Brise lechzten, hat der Möwenschrei euch erlegt, wohnt die alles betörende Stille eurer Erschlaffung bei.
Nichts birgt der Blick, der in die Höhe schweift. Den Traum, in den euch der Mittag verwob, weiß nur das geschlossene Auge zu deuten.
Ahnungslos beide, seid ihr gezeichnet vom Kuß einer fernen, unvergänglichen Glut. Ihr, die für immer Entführten, reißt uns ins Bleibende fort.

Im Raum sind wir die letzte Bagatelle,
zugleich jedoch der Mittelpunkt im All.
War auch Gott Schöpfer bloß ein greller Knall,
die Götter – meine Götter – sind zur Stelle
und freuen sich mit mir am Sündenfall.

Schrott

Wo sammelt sich das,
wenn sie aus Millionen Kehlen
den Himmel anrufen,
ihm ihre brünstigen Gebete,
ihre Flüche entgegenschleudern?
Wo wird sich Mordlust und Todesangst,
Flehen und Anklage stapeln?

Kaum von den Lippen, verschlang sie
ein unendlich einsamer Schredder,
schrotet sie, mahlt sie
zu interstellarem Staub.

Spür's aus dem Rauschen:
Materie und Antimaterie
glücklich und ohne Erbarmen
halten sich wirbelnd die Waage.
Auch von der Masse brutal
gebündelter Energien
verloren geht nichts.

Sie haben nichts zu verlieren,
sie setzen ihr Leben aufs Spiel.
Sie haben nichts zu verlieren.
Wir sehr viel.

Ihre Axt fuhr uns nicht in die Wurzel,
ein prächtiger Ast nur fiel.
Noch fuhr keine Axt in die Wurzel.
Doch das bleibt ihr Ziel.

Wir rodeten ihre Wurzeln.
Ihr Lebensglück mußte verdorrn.
Aus Gier zerstörn wir die Wurzeln.
Sie morden aus Zorn.

Es nützt uns nichts, aufzurechnen.
Keiner ist ohne Schuld.
Es nützt uns nichts, aufzurechnen.
Es braucht Geduld.

Laßt uns den Naturschutz erweitern
auf die ganze Habenichtswelt. –
Naturschutz auf Menschen erweitern?
Das frißt zuviel Geld!

Der Arm-gegen-Reich-Krieg frißt mehr noch!
Da gibt es auch nie einen Sieg.
Mehr Brot statt mehr Militär noch!
Statt Krieg Politik.

WIEDER GIBT MIR der Regen die Schwelle zu riechen, wäscht mir den Zorn aus den Poren, verwehrt der Stirn jede Flucht. Ich muß meine Häute verstärken, mich fester in meine Nacht hüllen, und was sonst noch mein ist, ordne ich flach in mir an. So könnte ich in jede Ackerfurche passen, aber da liegen schon unsere Kinder begraben, die in der vorletzten Regenzeit ertrunken sind.

KEIN VORREITER, kein Gefolge. Wo die Räderspuren enden auf dem Gestein, verhallt jeder Schritt. Wer kam je hier weiter? Die Frage erstirbt. Du hast dich aus der Geschichte entfernt. Wo Ursprung und Ziel nur noch eins sind, da ist weder Herkunft noch Zukunft.

GRAB UM GRAB schreibst du ins Land, hebst die Trauer aus, bis ein junges Lachen dir aus dem Abgrund entgegenspringt.

AUS ANGST vor der Natur sind wir in die Gefangenschaft unserer Geräte geraten, der Fahrwerke, Ganghilfen, Schutzzellen. Doch was haben wir an Atem verloren zwischen all den Kulissen, Netzen, Glasfronten! Und für immer.

IM GARTENSTUHL: CLAIR/OBSCUR. Zügig an der Oktobersonne vorbeidefilierend, spielen die Kumuluswölkchen meinen geschlossenen Augen mit harten Bildschnitten ihre Kontrastszenen vor: Der zornbebende Vater, im Begriff seinen Sohn zu züchtigen / der Sohn auf der Flucht durch den tiefen Schnee aus dem Kessel von Charkow / das prächtige Feuerwerk beim Bombardement von Jülich / „La femme au corsage bleu" von

Pablo Picasso / der Tübinger Flurwärter, der mittags im Obstgarten das Liebespaar beim Vollzug überraschte, die Quittung fürs Strafgeld vom Block riß / der lange Händedruck mit dem sterbenden Vater / Mondnacht in Venedig / der heimtückische Mord an Lumumba / ein Hochzeitsschmaus in der Provence bei Freunden von René Char / World Trade Center-Massenmord … *Ich muß dann wohl eingeschlafen sein.*

DER SCHRILLEN KLAGE der Kraniche, die in der Dämmerung – ausschwingend über mir – auf ihren Schlafplatz einschweben, entnehme ich Übereinstimmung: weite, noch weitere Horizonte bei mehr Nähe zu unserem Nächsten; Ehrfurcht vor der Natur, aber Güte statt Grausamkeit; Friede bei Tag und Nacht; reichlich Nahrung für alle.

»GEFÄHRLICH LEBEN« – was zuvor Privileg, Chance und Verhängnis weniger war, ist jetzt in aller Blickfeld gerückt. Auf einmal sind wir dem Urahn – dem Sammler und Jäger – näher als den frühesten Steinzeit-Zivilisationen. Kein Wall, keine Stadtmauer schützt gegen Mikroben. Ein Neuanfang wie nach der Großen Flut? Nein. Bloß ein Impfprogramm: Neubesinnung.

LOCKERUNGEN

2002

ABGESTREIFT die Lastträgerhaut.
Unerbittlich die Freiheit.
Was schmilzt, sind Zahlen und Masken.
Tumult sackt zusammen,
                        taumelt ins kalte Nichts.
Hilflos saugt sich die Lunge voll Schlaf.
Aus den Brutkammern, rings
                        aufflattern Begierden.
Hoffnung schwebt ein.
Ohne Schlüsselgewalt. Ohne Sicht.

*

ATEM, augenlos, schwerer als Gold.
Eurer Schritte trippelnder Zorn.
Stimmen wie schwarzer Holunder.

Wo der Mittag verdampft,
stieben Bildinseln auf,
wühlt sich mein Ohr in den Puls
der stammelnden Lichtung.

Lockruf der immerwährenden Nacht,
wie duftet er wieder nach Trennung!

*

LEHMIGE GLAUBENSRESTE: wir hinken.
Schleppender, schwankender Gang.
War kein Befreier
unter den flinken Gedanken?

*

SCHWER ist die Lösung
in der Blüte des Zorns.
Geduld! Nacht für Nacht
fällt ihm ein Blatt aus der flammensprühenden Krone.
Bis eine Rauchfahne endlich dem Blick
freien Abzug gewährt in die eigene
unzumutbare Weite.

*

KEINE MAUER wird wanken,
kein Hügel beiseite treten,
wagst du den Sprung aus der hermetischen Stirn.
Für jeden gewonnenen Fußbreit hast du zu zahlen.
Neue Feinde wirst du kennenlernen.
Aber welch reichen, zuverlässigen Freund
findest du jetzt unter deiner Mütze!

*

ALLES ist nichtig,
zu vage die Werte,
kein fester Weg.
Genügen uns da nicht ins Ungebahnte
die wenigen lockeren Spuren?

*

IN WEN SICH DIE LIEBE, in wen sich die Wut verbeißt:
zum Abschütteln ist es zu spät.
Mit dem Atem zieh nach innen den Schmerz!
Tief.
Sediment, jederzeit auszubeuten.

*

UNMERKLICH länger die Tage, unmerklich kürzer mein Schritt.
Über die Heide fächelt der große Schoß mir seinen schweren
Duft um die Schläfen. Der Sonnenball lockt mich, tanzt mir
vor Augen und schreckt. Was bleibt dagegenzusetzen?
Wort um Wort will ich mir Ziegel brennen, sie im Unkennt-
lichen gründen, sie schichten und türmen: ein Zikkurat wider
jeden Text unserer hörigen Winde.
Und sie suchen und suchen, die immer kürzeren Schritte, im-
mer hastiger nach dem unkenntlichen, aber gefestigten Grund.
Sie sind gewarnt durch Fehler beim Turmbau zu Babel.
Meinen sie wirklich, einem so mächtigen Duft zu entkom-
men?

*

VOM RAUHEN NORDOST einen Hauch zweig ich ab, verstau ihn am
Zwerchfell. Das Gedicht hat nie genug Luft: Luft unter den
Schwingen, jetzt, und Luft für den zweiten Atem, all die Jahre
hindurch, die kein Echo kennen.

*

WARTEN auf Widerrede,
warten auf Schattenkraft.
Die Schwere nimmt zu.
Ich sinke,
zu feiern im untersten Schacht
am schmelzenden Fels
die Geburt dieser stillen Stunde.

Gegenwehr des erpreßten Gesteins:
Lausch ich ins Rauschen der Waffengänge,
hör ich das große Lachen
in einem befreiten Geäder.

Lockerung ist uns sicher
im Schoß des Granits.

ANSTIFTUNGEN

2002

Willst du schreiben, geh an die Luft, fang dir die Wörter, wende sie; befrag ihren raschen Gehorsam im Licht, die rebellische Willkür im Schatten.

Fester umspann jede Taille. Anfangs noch schwerfällig schlürft euer Pas de deux. Bis es keimt in den Schleifspuren und blind aus dem Traum ein kleiner Versfuß zum Jungfernflug ansetzt.

Gegen Mittag wächst das Verlangen. Wir warten. Wartend lernen wir warten. Und das Verlangen wächst.

Mit der Dämmerung kommt ein herbstlicher Schauer, brüstet sich vor den drei kahlen Pappeln. Wie viele silbrig schimmernde Silben rieseln da aus dem Gekicher, flüchten sich kindlich dir ins Gedicht!

Nennhausen, Friedrich de la Motte Fouqués gedenkend

Ein falscher Atemzug nachts
ein Wort in den Frost gefetzt – und im Nu
peitschen mich Fieberböen
durch den erschrockenen Wald
grob fährt der See aus dem Schlaf
Zornkämme türmt er, schmettert mir
Gischtberge weiß ins Gesicht.

Oben gemächliche Wölkchen
sie lächeln, sie ziehn
lautlos übers gastliche Land
das mich ruft. Doch das Gras
ist zu feucht, der Sand mir zu hart.
Du mein vor Zeiten an Liebe zerschelltes Lied
find ich hier wieder deine versunkenen Silben?

Sterne in kalter Nacht –
riesiger Überhang
wie er enorm auf uns lastet,
mich beugt!
Jeder Aufblick macht taumeln
und zehrt
knickt die erschlafften Knie.

Doch reißt uns einmal
ein vertrautes Sternbild
über die Wipfel empor
hat uns sofort ein Zyklon
mit ins Verhängnis entrückt:
Irrlicht – so flatter ich
wehrlos im Nichts.

Keine Richtung, kein Ziel.
Auch meine Gemma
niemals öffnet sie uns
ihren flackernden Kreis.
Nur das Gedröhn ihrer Eruptionen
haftet seitdem mir im Ohr.

Ich grüß den, der heimgestürzt
von der dämpfenden Wolke träumt
und an seinen Stamm gelehnt
lauscht seinem eigenen Lied.
Ich muß mich verschweigen in fremde
nie singbare Harmonien.

Schon brodelt's in deinen Knochen
und die Spannung steigt
abgeschirmt hinter der Stirn.
Wie befreist du den Sturm?
Wie entlädt man ein Herz
wenn es noch schwingt
völlig enthäutet
vom gewohnten Schmerzpunkt im Fleisch
zum Fluchtpol hinter dem Regen
und immer wieder zurück?
Zwischen Wolke und Schoß
ach, das Gefälle
macht Durst!
Doch die Quelle ist unten.

In memoriam Johannes Hübner, Gerd Henniger, Rudolf Wittkopf

Früh hat uns das Aufbegehren
ins Sternbild Gedicht verbannt.
Früh trieben uns Verse zum Sturm.
War's Zorn, war's Liebe in uns,
was wagte, den Traum zu leben?
Jeder hat seinen Strudel umarmt,
und wohin der uns spülte, am lautlosen Rand
singt der Nachtwind noch heute die Strophen.
»Nur an den Rändern ist Sieg«[*].

Wir überstanden. Für wen?
Schon kommt der Reiher bei Tag,
der Kranich, und gräbt in den Saaten,
sieht uns verschilfen, verinseln und ahnt
noch unterm Schlamm die Konturen.
Vor allem aber für euch, so anders geflügelte Wesen,
Freunde, die weither ihr wittert die Mitte
und sucht nach dem Kuß am Ende des Weges,
für euch.

[*] René Char

Fröste bestürmen mit harten Stößen die grelle Oktobersonne. Mein Eingreifen ist nicht erwünscht. Doch ich bahne mir, von Goldschauern bis auf die Haut durchsiebt, die Schneise durchs zähe Gemetzel.

Wie beschämt mich der Schmetterling: haltlose Feder im Wind, landet er sicher im hastig sich windenden Kelch und entnimmt seine Beute.

Schnarrend klagende Bänder und singende Winkel – straffe Flugformationen am Himmel. Ein langgezogener rascher Bogen und schon aus den Augen. Eisig streift mich ein Hauch. Ungeduld bleibt zurück.

Mein Atem geht flach übers niedergebeugte Rohr und tastet den Sumpf ab. Was drängt mich, gerade hier den Durchstieg zu suchen? Ja, unermüdlich Ziele im Blick und erschöpft nach dem dritten Schritt!

Den richtigen Umweg lernen wir erst im letzten Viertel.

AUF DER BORDSTEINKANTE

Wie lange hinket ihr auf beide Seiten?
Prophet Elias (1. Kön. 18,21)

HIMMEL UND HÖLLE

Zur linken Brachland – Himmel der Kinder.
Zur rechten Häuser, Unrast, Zucht.

Kein Zwischenreich, kein Limbus, kein Pfad.

In der Mitte allein
die unendliche Bordsteinkante
von nirgends zu nichts.

Die Kinder hüpfend
vom Himmel zur Hölle
und wieder zum Himmel.
Wir andern in Haft bei unseren Zwängen.

Einige
auf der Flucht
immer am Bordsteig entlang
aus Angst vor dem Wahn   vor Wut auf den Trend
verfolgt von ihren vereinten Gespenstern.

Wie aber laufen
den einen Fuß tief in der Gosse
den anderen hoch auf Granit?

Wie laufen
weder in trunkenem Traum
noch bei vollem Kalkül?

Laufen aus tiefer Not
laufen vor Ekel
laufen im Zorn
hinkend
ins Nichts?

Wir versuchten keinen Spagat, wir entfernten uns vom Leben,
das wir liebten. Das war schmerzhaft. Wir hatten's nicht satt.
Es hatte uns nur nicht gesättigt.
Wahr ist, zuweilen sühlten wir uns in der Brache, hielten da-
bei Blickkontakt. Bei Büchsenlicht schickten wir rhythmische
Salven hinauf. Niemand wurde beschädigt; einige wurden be-
lebt.
Doch etwas hat uns gefehlt, und wir stiegen euch näher. Halb
auf eurer Stufe, war da wieder der Schmerz. Wir schlossen uns
Flüchtlingen an. Vieltausendjährig die Tradition, doch immer
frisch.
Habt ihr uns gesehen, hinkend auf langer Kante, nirgends zu
Haus, doch selbst im Nebel voll orientiert?

> Der Taumelschritt singt.
> Rot fällt die Nacht ins Land.
> Rechnet euch hoch und träumt euch tief.
> Die Tänzer schlummern am Strand.

Über den Deich ins Luch
schwemmt die Träne des Flüchtlings
ihre Freude und Trauer.
Nebel flockt aus
so weit du siehst:
ein quirliger Teppich.
Und doch zu hart
für die Liebesnacht
mit den Töchtern der Hoffnung.

*

Das Wunder des Blütenkelchs verschleiert den Hungertod
nicht, noch Folter und Korruption. Auf dem Bild uns vor Au-
gen lehnt sich die Sprengkraft nackt an die Harmonie, bricht
sich die Brandung am Zungenkuß. Fanatische Träumer zielen
auf uns und massenhaft gehen die Widersprüche durch uns
hindurch.
Woher sollte er kommen, der Irrtum, der die Welt verändert:
aus euren Marmornestern da oben, aus fernen Schlangen-
gruben oder aus der doppelten Optik unsres kontinuierlichen
Hinkens? Hier stehen alle Chancen bei Null.
Seht nur die prächtigen Früchte am Baume der Psychiatrie!
Doch was steigt, ist die Selbstmordrate.

*

Bricht Wind ein vom See und spielt auf
schmiegt sich das Schilfrohr zum Tanz
rührt sich kein Kern in der Mandel.

Was kreiselt ein jeder von uns
dicht um die eigene Mitte
eingepfercht in der Zeit
blind für den Nächsten! – Lust
entfachen die frischen Böen
Lust, die im Nu ihr erdrosselt.

Legt sich frostig und eng
die Fremde uns um die Haut
wer ist für wen noch erreichbar?

Tote Saison. Jede Stunde
schleicht sich ins taube Fleisch
öffnet ein neues Grab.

*

Er dehnt sich, der Zwerg! (Eitler, unausrottbarer Irrtum.) Verbissen reckt er sich, höher und höher. Daher die inneren Blutungen, auch die Bestialität nach außen. Oben – wo soll das sein? Oben ist überall. Stimmt und doch wieder ein Irrtum, der uns nach dem Leben trachtet.

*

Jetzt erst, mit über achtzig, da ich schwanke und dies weder vermeiden noch kaschieren kann, weiß ich, daß ich die Gangart des Universums nachäffe, wo ausnahmslos alles schwankt, und liefe es noch so präzis.

Gern würde ich Konsequenzen daraus ziehen für unsere Moral (nicht nur die Zahlungsmoral) – nur Mut! Bloß vor der Gefahr, die Präzision aus dem Blick zu verlieren, wird aller Mut zunichte.

*

> Tanzen wir –
> über die Schroffen und Gräben –
> tanzen den Traum vor uns her
> vom brüderlichen Asyl
> ertanzen uns Freiheit von Zwängen
> Freiheit von Schuld.
>
> Lachen wir!
> Schmückt eure Frauen
> nehmt eure Kinder beim Wort
> verhandelt nicht mit dem Tod
> wir lachen der Sicherheiten
> vertrauend auf Herz und Hirn.
>
> Bald legt die Liebe den Fuß
> sanft in die Obhut des Steins
> bald schnellt sie zum Flug ihn empor.
> Fragt auch nie nach dem Ziel
> der Tanz ist ein Spiel –
> wer verliert, hat noch viel
> gewonnen.

Im fahlen Frühlicht drüben am See, nebelgeboren, drei schwarze Schwäne, türmen sich riesenhaft wie Elefanten, wandern behäbig an Land, das weicht ängstlich zurück, der Kirchturm bricht ins Knie, die Häuser ducken sich hinter den Horizont.

So hab ich noch einmal Platz reserviert für die Tage der Jugend. Köstlich klingt da dem Ohr die Weise vom Schmelzfluß der ersten Nacht, von der Sonne, die uns ihren Ball bis ans Sieltor zu tragen gab.

Wir erwarten kein Wunder, auch keine Revolution. Wir bleiben ausgespannt zwischen Satelliten, zwischen den Pfählen der Ideologien, über die Kampfzonen hin. Hat doch unser eigener Zorn, unser gepreßtes Herz, uns unlösbar ins Machtgemenge verstrickt.

Selbst unbelehrbar, lehren wir lieber die Schwäne unsere Fesseln zernagen.

Sonntag gegen Mittag, das Dorf. Alle Bewohner vergast, so scheint's, vergiftet, verwest. Ausgestorben die Rasse der Bauern. Die wichtigsten Dächer von Störchen besetzt.

Das schweflige Licht nimmt die künftigen Gewitter vorweg, die Schlachten, die Konkurse. Es verschlägt der Havel den Atem. Stumm, duckt sie sich in ihr verwühltes Bett. Die bizarren Weiden auf der Flucht vor dem Himmel. Die Erlen drängen an Land, suchen in Erdhöhlen Schutz.

Leben findet andernorts statt, außerirdisch vielleicht. Vereinzelt auch unterirdisch, in manchen Städten. In seiner ornithologischen Variante noch immer am Gülper See.

Sie hat Geld. Sie tritt ein wenig über die Ufer: die Auguren lächeln. Sie überrollt Stufen, springt Wände hoch, fegt die Dächer: die Weisen schweigen. Sie schwappt über die Weltmeere.

In ihr treiben, wie verendete Wale, unsere Gelächter und Flüche, brodelt der Zorn unserer Kinder und Enkel. Narren scharren nach Öl, feuern aus allen Rohren.

Da ist kein Regenbogen. Nur ein Planet, gelähmt zwischen Allmacht und Ängsten. Hochmotiviert sieht er zu, wie er sich selber ertränkt.

Eben erst hat die Dämmerung ein mattseidenes Schwarz über den See gebreitet – und wie du siehst, im Sicheltakt unter dem halben Mond träumt er schon. Nicht von Elfen und Nixen. Fernhin träumt er: von Ertrunkenen – vieltausend Flüchtlingen und Migranten vor unerbittlichen Küsten –, von Trunkenen unter den Brücken, verwesenden Robbenkadavern, von Kindern träumt er, die im Eis einbrachen und anderen, die das Hochwasser mitriß. Lautlos oder leise glucksend umarmt er sie alle, drückt sie ans Herz, – ein liebevoller Herbergsvater, der freudig fraternisiert mit dem Tod.
Woher ich das weiß? Von der Rohrdommel im Schilf und dem gründelnden Bläßhuhn hab ich es nicht. Es kam über alle Kanäle. Es stand in so vielen Blättern. Du weißt es auch.

Rasend schlagt ihr die Buschtrommel.
Wir gründeln nach unserem fast unhörbaren Herzschlag.
Unsichtbarer
Hinter den Bergen weiß ein Messer die Ehre zu retten.
Süß ist's und ehrenvoll hier zu leben und sterben zu lassen für den Profit.
Einklang
Wen ihr foltert, hat selber Schuld; warum gesteht er nicht gleich!
Foltern ist cool; und gern entschuldigen später wir uns dafür.
ist
Ihr nehmt euch selber zum Ziel, so trefft ihr auch viele genau.
Massenmord kollateral, fernher mit Präzision – wer kann denn dafür?
stärker
Wer betet, weil er nichts hat, ist der fromm?
Wer betet, weil er noch mehr haben will, ist der's nicht?
als
Er kämpft ums nackte Leben: Notwehr, Terror oder Gottesfurcht?
Er kämpft um Einfluß auf fremdes Hab und Gut: welch Missionseifer!
sichtbarer …

Krieg ist der Vater aller Dinge …
Tritt ein, auch hier sind Götter …
Heraklit

Nie war ein Zug komfortabler
nie schneller noch sicherer.
Als er um null Uhr auslief
am 1. Mai 2004
zum Golfstrom, zum Eismeer
zum Pontus, den Säulen des Atlas
durch die vernetzten
Alleen der Büroetagen
zerbröselnd die morschen Mauern
zerfetzend die Schranken
gingen Blitze ins Land.

Bis in fernste Städte
wirbelt rasender Sound
verfängt sich in den Antennen.
Ein Schwaden von Weihrauch
staut sich unter den Dächern
blockiert meine Straße
hat die Zunge belegt.

Sie schlafen nun schlecht
die alten Völker
vor Ängsten und Zweifeln.
Branden die jungen
in Horden heran
witternd die leichte Beute?

Dankbar jedoch
fügen die Handelsherrn
sich diesem Zug der Zeit
feiern den raschen Griff
in die Billiglohnländer.

AUF DEM GRENZPFAD

2003 / 2004

Hoffnung hat ihren lockeren Fuß
zwischen Schwelle und Tür mir gestemmt.
Tag und Nacht steht dem Gast
offen das kleine Haus.

Liebe hat ihm ein Bett gerichtet,
breit genug für ein schweifendes Herz.
Glaube und Zweifel wurden darin
ein heiteres Paar.

Sorge hat mir ein Stahldach gedeckt,
die Last der Himmel zu tragen.
Trotzdem: von oben
träufelt Geschwätz.

Vernunft ist mein Kammerdiener.
Unentbehrlich der eine dem andern.
Doch muß ich von Zeit zu Zeit
ihn entlassen.

Gewalt, mag sie walten im Haus!
Wo die Ängste gebannt,
steht ihr frei, ob sie wacht
oder die Tage verschläft.

Wir spielen sie ohne Titel, ohne Quelle, tanzen auf wackligen Brettern. Bemüht, im Kegel eines vermuteten Kraftstroms zu bleiben. Dazu hat jeder von uns auf dem Schnürboden dieser Bühne noch als Beleuchter den eigenen Verfolger zu lenken. Ja, wir sind Gast im Absurden.
Für die Arbeit am Kunstwerk unerläßliches Privileg, doch dann im Schlaf – welch ein Luxus!

Ein Motiv Joan Mirós

Er fiel nicht, der Stern
du griffst ihn im Flug
du lasest sein Schweigen uns vor
sein Lied, das leise gedieh
seinen Schwur.

Wir lernten nur schwer.

Du warfst ihn uns zwischen die Bücher
zwischen die stählernen Blumen
du schlugst ihn an unser Spalier.
Wir wollten ihn ernten
den bittersüßen, den bunten.
Und griffen ins Leere.

Du wiesest ihm seinen Platz
unter Kindern und ihren Gespielen
im Zenit deiner Bildkraft
deiner Vision.

Schon nachmittags stand er am Himmel, und er bleibt bis zum schummrigen Abend: ein Henkersbeil. Hat, zunehmend, seinen Halbmond knapp überschritten, dringt mir unter die Haut. Nein, kein Beil, bloß ein Fötus, wie er flott unter die Bauchdecke schlüpft, dort rappelt und wühlt. Oder es ist diesmal ein haariger Rammler, macht seine Liebessprünge auf meine Kosten. Wer weiß das genau?
Dieser unsägliche Mond, er ist mir einverleibt: meine Last, mein Verhängnis, die Frucht meiner Träume. Fortan ist er bei mir in Kost, ich hab ihn zu kleiden, zu nähren und in den Schlaf zu singen. So wird er wachsen in mir, und wenn er mich völlig ausfüllt, na ja: das, Freunde, wird eine lange Nacht!

Blindekuh

Gern schlief ich euch bei
ihr lockeren Silben
aber immer nur ihr habt die Wahl!

Reißt ihr mich mit in den Wirbel
tanz ich den Geiselreigen
tanz ich der Nacht auf den Grund.

Zerrt mich an eure Lippen
klemmt mich zwischen die Brüste
leicht gleit ich hin wie auf Wogen im Traum.

Greif ich nach einer, schiebt sich die andre davor
dingt mich als Griffel und zwingt
mit mondener Macht zum Diktat.

Ein Spiel, das sich selber verleugnet
Passion, die allem entsagt
Leiden aus Leidenschaft.

Trunkenheit, ach, ist der Lohn
Taumel, der mit dem Wind sich verzinst
und bald an der Sonne zerstäubt.

Du siehst, ich suche die ruhig atmende Stille, die sich mitten im Lärm der Lastzüge sammelt. Dort laß mich mein Zelt aufschlagen. Für euch bin ich nur der blinde Fleck, der fehlende Buchstabe im Alphabet der Einhandsegler. Und doch euch nahe, werde euch aber nicht stören beim Abschmecken der schleichenden Katastrophen. Im übrigen übe ich mich im furchtlosen Umgang mit der Nacht, wünsche ihr Sitz und Stimme im Azur.

Unsere Tode sind gezählt. Die vielen, die ich starb, haben mir immer ein neues Stück Leben vermacht. Sie liegen nun hinter mir – bis auf einen. Aber wer weiß so etwas genau?

Ich merke: Absterben kann zur Gewohnheit werden. Es fällt schwer, davon zu lassen. Mit den Jahren haben die schmerzlichen Abschiede an Reiz, an Süße gewonnen.

Intermittierendes Sterben – womöglich Verrat am Leben? Am fremden, so scheint's; doch gewinnorientiert. Für Opfer und Täter.

Einerseits war ich am Ufer wartend zurückgeblieben. Andererseits war ich längst außer Sicht, – hatte mich weit hinaustreiben lassen. So geschah es, daß die Leere blind in mir wuchs, mich heimtückisch würgte, wild mir ins Fleisch schnitt.

Ach, wie lock ich mich heim? Wie werde ich wieder ganz, fülle mich mit Substanz?
Da die lauten Notrufe verhallt sind, weist die Stille vielleicht den Weg.

Den Weg in den Taumel, vor ein Kaleidoskop aus schemenhaften Fragmenten, Lebenssplittern, Liebesfetzen. In weiter Ferne wohl auch viel Bosheit, Knebelung, Ängste. In der Nähe die Freunde, die nach einander entschwinden. Zurück bleibt allein, auf verlorenem Posten, mein Stolz. Oder mein Trotz? Meine Scham?

In der Scham liegt die Chance. Treibt sie den Schmerz in den Zorn, verdrängt der die Leere.

Doch Zorn auf verlorenem Posten ist nicht vollstreckbar. Er entweicht in den Traum. Wird Sehnsucht nach ferner Revolte. Nimmt wollüstig Witterung auf von einer uralten Utopie.

I

Woher ich gekommen
(Wer will das hören?)
gestern,
             oder auch heute?
Wie soll ich das wissen!
Ich habe mich nicht umgesehen,
weder gestern noch heute.
Ich habe auch nicht
gefragt.
Ich weiß nur, es war
                    sehr hell, ich mußte
                    die Augen ganz fest
verschließen. Und jetzt
ist es dunkel um mich.

Längst ist mir klar,
ich hätte dort bleiben,
die Augen weit aufreißen sollen,
zu sehn, wie die Hunde verrecken,
wenn die Eisberge kalben,
bis die Augäpfel endlich in den Höhlen gefrieren,
und die Schneeblindheit kommt,
daß ich Schwarz auf Weiß spüre:
Jetzt ist es dunkel um mich.

II

Gieß, Dunkel, gieß deine Unschuld
ins geile Licht unsrer Tage!
Vielleicht, daß uns schwerelos
zukeimt das freie,
das lange gültige Wort.
Das mit dem Schweigen einhergeht
und mit den Schaumbällen der Brandung spielt.
Das manche Last noch dem Leben abringt
und dem Tod manchen Tanz.
Das an den Brüsten der Finsternis schläft
und im Mittag die heißen Passate besämt.
Vergeude dich, Dunkel, ans Lied,
bis die alten Brände gezähmt sind,
die Nacht unsern Wimpern schmeichelt

III

Schweig, Dichter!
Wieder warst du zu laut.
Willst du mein Mund sein,
                    so schweig.

IV

Stoß mich voran.
Tu mir weh.
Unstillbar süß ist die Sucht
und der spitze Schmerz des Erkennens.
Strittig die Grenzen.
Wo beginnst du, sobald ich diene?
Wo hör ich auf?
Aus deinem Schrei
schnitze ich Silbe für Silbe,
flink,
        mit der Schärfe
meines eigenen Schreis.

ENTR'ACTE II

2005

Vier Gedichte an Paul Celan

SKEPSIS

Graben, noch immer ins Dunkel graben nach unvordenklichen Wurzeln, nach Silben im höheren Ton? Schaffen wir ein Gegengrab? Finden wir Klarheit im Zwielicht der Freuden oder eine Wahrheit im Traum? Die Anmut eines Sandkorns werden wir finden, die Ängste einer Muschel im Schlick, Wurzeln einer lange schwelenden Wahrheit. Am Ende wirst du gefunden, selbst wenn du nichts findest, sofern du nur gräbst.

(1999)

Das Visum

Bodenlos
da wir ausgerodet
unter uns
die geschmeidigsten Stämme
Jakobs schweifende Kinder
brach dir die Mutter
in nacktem Fall
aus dem siebenflammigen Himmel.

Und Schnee fiel darüber.

Ach, unter deinen Füßen
der Boden
wie lange hält er in Schwebe
dein Lied
wie lange noch dich in Stand?

Schnee.

Wer immer zu dir
drang durch die Riegel
hinter der Stirn
las er das Visum
für das Land unterm Schnee.

2,9° K

Zwei Komma neun Grad Kelvin.
Das strahlt
ob wir es rauschen hören oder nicht.

Aufgeheizt
aber
bleibt unsre Antwort
schmelzförmlich:
Rumpf.
Stumpf.
Mangels Brüderlichkeit obszön.

Trotzdem
schockgefroren
sind noch Akkorde
– sozusingen –
jenseits der Menschen.

Nachbericht[*]

Dich berief keiner.
Dein Vers zu genau, zu trocken.
Und schmerzt.
Keiner rief dich. Du sprangst
frei
in den Zeugenstand.
Subvers
trieft der nun, trieft
weit in die Zeit
aus der Nacht
unterm Pont Mirabeau.

[*] Nachbericht zu Celans Freitod zwischen 25. April und 1. Mai 1970

Für Strawalde

Zwischen den strengen Gästen
ist nirgends Platz.
Warum will, warum muß ich hinein?
Wieso mich drängeln durch die flammenden Farben
ins Netzwerk all dieser Sympathien?

Unbarmherziger Sog.
Hart umgreift er die Hüfte
zieht mich taumelnd ins Bild.

Nicht das geduldige Harren der Frauen
noch die starre Weisheit der Männer
stiften den Rausch.

Ach, zwischen euch
diese unablässige Hochspannung
immer wie vor der Entladung!
Und dann der Glutstrom, der den Taumel
sogleich vereist!

Feuer weist mir den Weg:
Umschlungen vom Rauch
des Farbenwirbels am Bildrand
zieht es mich langsam empor.
In die Dünung eures zärtlichen Atems geschmiegt
schweb ich, ihr freien Geister
zwischen Ocker und Grün
ins offene Weiß.

Freund, da leb ich mitten in deinem Bild!

Für Joachim Uhlmann

Auszusäen das Wort
Wurf um Wurf
unterwanderten heiter
wir unsern jungen Tag.

Wo es gedieh
entzog es sich uns:
Ins Dämmerland schweigend
verlor sich das Wort.

Nun schiebt sich die Nacht uns
unter das Schädeldach.
Silbe für Silbe tränkt sie
mit ihrer Trauer die Vene.

Ohne Sucht, ohne Suche –
was bleibt?
Unser Verlangen nach Licht
nach Atem bis an den Horizont.

UNTERM LEITSTRAHL

2005

Nimm, Gaukler …

Nimm, Gaukler, nimm nur den Mund
voll! – Unterm Laubdach der Raum
weitet sich dir schon entgegen.

Dich freut, wie sie täuscht, die liebliche
Ruh in den blauen Fernen. Wie alle
Panik befiel: *De revolutionibus*“.

Nicht häuslich oben, – gelitten bist du,
Gast im Kreis der einander zer-
strahlenden Nebel und Galaxien.

Reitend auf zärtlichem Leitstrahl
ano – kato, Kurier
diskretester Energien.

Tummle dich, Narr, zu vernetzen
was an Wundern ein Hirn ersann
an Greueln oder an Güte …

Alles verwirbeln, verwirren:
blutige verfemte Moralen
der alten sublimen Instanzen

mit dem Chaos und seinen Fraktalen
das Hohngelächter der Stammtische
mit dem Höhenfieber der Forschung.

Suchst, alter Narr, du im Karnevalmüll
nach deinem am Absoluten
verdampften mystischem Gold?

Ein Streben, ach, lebenslänglich …
Wirf nur den Würfel!
Gleichviel.

Dichtung muß von allen gemacht werden

Ihm galt alles gleichviel.
Schuf er nicht ohne Ansehen der Person?
Alpha war er, der LOGOS: Macht
hatte das erste Wort.
Wird er das Omega sein?
Behält er das letzte …?

Sprache, Sprachen, früh von ihm her.
Sprache zur Stunde weit fort-
geschritten, im Unterland, richtungslos
nachhetzend, läufig, den Trends
verhetzt. Und vielleicht auch einmal
mit Bobrowski vereint auf dem Weg
nach dem Hause des Nachbarn.

Immer in fremdem Gewahrsam.
Abgerichtet. Verschnitten.
Dichter, du hast keine Wahl.
Nimm es, wie's kommt – nichts
ist mehr frisch.

Zerbrich's!
Schreib Trümmer hin, Brüche
setz Bilder und Zeichen.
Sie werden sich selber
deuten zu ihrer Zeit.

Dich halt da raus!

Laß sie frei!

I

Manches konnt ich euch sagen.
Vieles blieb ungesagt.
Was vergaß ich zu sagen?
Frag ich das Wasser, die
Pappeln. Sie trällern
sie tanzen das alte Lied –
Kreislauf, Runde um Runde.
Kein Ziel. Zu sagen bleibt nichts
als das Nichts.

Das Nichts – das ist viel.
Alles dehnt sich ins Nichts.

Was ist alles, was da ist
gegen das Nichts, das *ist,*
aber nicht da ist?

Es durchsiebt mich, durchflutet
seit je mich unmerklich.
Es tränkt mich.

Es heilt mich und heiligt.

Nachts
beherrscht es die Bettstatt.
Besämt einen Greis und sogleich
wächst es in mir.

Es gräbt mir ins Fleisch seine Strophen.
Weckt. Wehrt meinem Schlaf.
Träumt mich ins gelobte Gelände.
Weist uns zum Spielen ein Fünkchen
Ewigkeit zu. – Das Nichts
liebt die Seinen ins Ziel.

II

Schleudertrauma – trotz weiter Sicht.
Welch ein Sog hat uns heimgesucht?
Es sei die zehnte …
soll sein die dreizehnte Dimension.
Zu leicht die Chimäre, zu geil.

Zu schwer der Sphinx, er rechnet und herrscht.
Antonius, der Fromme, ist ratlos. (Er hat
die Abendregie bei der Fata morgana).

Nichts meßbar, auch nichts offenbart!
Kein Sog, kein Verdriften. Wir sind
wie alles seit Anfang von weit
unterwandert. Durchnichtet ins Mark.

III

Nach dem angefochtenen Bären frag
am Kleinen Wannsee den alten Stein.
Durch uns hindurch – parallel: so nah
ist in auferstandener Unschuld die Schöpfung!

Es schlingen sich, schwingen sich
Schlaufen und queren
deine Stirn, deinen Wanst
ohne Sühne zu heischen.
Doch die Rechnung bleibt offen,
ob sie dem Theoretiker aufgehe bald oder nie.

Frag, wie sie heimfinden:
der entsprungene Hund
der Vogel aus seinem Exil.
Wie hebt der Derwisch zum Flug ab im Tanz?

Nutzen es für eine Frist
nicht die Toten, um uns zu leiten?
Leben im Gegen-Sein, außen:
Symmetrie, die uns immer gefehlt.
Fremde Urkraft, geborgen im unendlichen Nichts.

Wen soll ich rühmen? Wessen Mund
soll ich sein, wer kommt und löst meine Zunge?
Nicht der in Nazareth, keiner in Delphi
weder am Sinai noch in Mekka.
Wollte ich's, käme mein Hund.

Wie ist die Rede beschmutzt!
Wir haben das Aleph, das Alpha, das Älif
erfunden, erhöht und verraten.
Aus tiefer Not Ihn
erträumt und gekrönt.

Wer wessen Bild?
Wir nach dem seinen? –
Er doch nach uns
von uns und
eigens für uns.

Ach, beide so wenig König!
Souverän nicht noch absolut.
Getilgt keine Not, nur gewendet.
Und Macht reichte bloß zur Schlacht.

Was soll ich rühmen?
Aufrecht zu überstehn?
Am Rande der Gruft
was gilt da noch Ruhm?

Narrenmund ich. Gerühmt sei, was narrt!
Zu preisen den Geist, der alles durchweht
das Unbekannte, Ersehnte
aus jener Welt *nebenan*!

Wie leben, ohne sich daran zu stoßen?

Victrix causa diis placuit, sed victa Catoni

Wir
zu
der
querfälligen Welt
diametral. Unser
Zei-
chen
die
Crux.

Wir
aufgebäumt. Doch
baumrecht ist rechtlos. Nur
was gefällt ist, gefällt dem Cato.
Jeu de mots? – Je ne m'excuse pas, Rimbaud!

Dieser Sturz löst
was sich spannte.
Endlich einzukehren
am verstummten Quell.
Konzentrisch
zieht's mich zusammen –
globaler Schwerpunkt.
Am Ziel. Und doch
(zu schwer, um mich in die Hand zu nehmen)
hab ich mich verloren.
Unstete Kugel, die langsam
sehr langsam rollt und rollt.
Gerundet, gepreßt
vom hastigen Druck
der den Atem allseits
umnichtet.
Zur Übernahme
ist alles bereit.
Nur wenig schwerer
und wir sind unkenntlich
fallen anheim.
Frei!
Ein jeder das Ganze
im Nichts.

Anmerkungen

S. 38   UNMERKLICH …: *Zikkurat (babylon.: Zikkurrat), die: Baby-
            lonischer Tempelturm aus Backstein, 4. Jt. v. Chr.*

S. 74   2,9° K: *Das Gedicht konzipierte ich nachts im Gedenken
            an Paul Celan, den ich in Schutz nehme gegen Erich
            Fried, der die Schlüssigkeit der letzten Verse von »Faden-
            sonnen« bestreitet, behauptet: man könne nicht sagen,
            es seien noch Gedichte jenseits der Menschen zu singen.
            Celan meint natürlich Gedichte in Richtung Transzen-
            denz, und die liegt eben jenseits der Menschen. Nur daß
            meine Transzendenz nicht jüdisch-christlich koloriert
            ist, sondern naturwissenschaftlich, sich vom Urknall
            herleitet. Das Grundrauschen, die noch von der Entste-
            hung des Kosmos herrührende, fast auf den absoluten
            Nullpunkt abgekühlte 3-Kelvin-Mikrowellen-Strahlung,
            die, kaum zu vernehmen und spät erst entdeckt, im gan-
            zen Weltall überall gleich stark gemessen werden kann,
            ist für mich die direkte Verbindung zwischen unten und
            oben und stellt uns in brüderlichen Zusammenhang mit
            allen Elementen, der Natur, dem Gestein, den Pflanzen
            und Tieren. Dieses mein Credo habe ich hier verdichtet.*

S. 80   NIMM, GAUKLER …: *Nikolaus Kopernikus, „De revolutioni-
            bus orbium coelestium libri VI“ („Über die Umläufe der
            Himmelskörper“, 1573)*

S. 81   AN ALL UND JEDEN: *Comte de Lautréamont, „Poesie muß
            von allen gemacht werden“.*

S. 82 ff.   STRING: *Faden, Schlaufe. String-Theorie: Behauptet wur-
            de, daß hier zum ersten Mal die bisher unversöhnlichen
            Gleichungen, die das Verhalten der Kräfte der atoma-*

ren Teilchen, der Quanten sowie der kosmischen Kräfte (Gravitation) beschreiben, rechnerisch in Übereinstimmung zu bringen sind, und zwar unter Einbeziehung einer zehnten, bzw. noch höheren Dimension. Angenommen wird eine nicht fühlbare Durchquerung unserer vierdimensionalen Welt durch ein Fluidum, das aus Schlingen oder Schlaufen besteht. Mit unseren technischen Mitteln nicht meßbare biologische Strahlung, die das Instinktverhalten lebender Wesen lenkt?

S. 84   STRING II: *La tentation de Saint-Antoine (Die Versuchung des heiligen Antonius, 1839-1874), Roman von Gustave Flaubert. In einer Szene gegen Schluß des Romans scheitert die verliebte Chimäre an der Unbeweglichkeit des Sphinx.*

S. 85   STRING III: *Der „angefochtene Bär" bezieht sich auf Heinrich von Kleists Aufsatz „Über das Marionettentheater", vor allem auf den letzten Satz.*

S. 87   SINE CORPORE: *Gemeint ist hier das Hinrichtungskreuz der antiken Römer (ohne Christus-Korpus).*
„Victrix causa diis placuit, sed victa Catoni", Hexameter von Lukan (Lucanus Marcus Annaeus, 39-65 n. Chr.) in: Pharsalia I, 128. („Die siegreiche Sache hat den Göttern gefallen, die besiegte einem Cato"). Gemeint ist Marcus Portius Cato Uticensis (95-46 v. Chr.), Urbild und Vorbild eines erzkonservativen Republikaners.
Arthur Rimbaud, „C'est faux de dire: Je pense. On devrait dire: On me pense. Pardon du jeu de mots" („Es ist falsch zu sagen: Ich denke. Man müßte sagen: Es denkt mich. Entschuldigen Sie das Wortspiel."); Brief vom 13. Mai 1870 an Georges Izambard.

Bio-Bibliographie

Lothar Klünner

1922 in Berlin geboren. Lebt dort – nach theologischen und kunstgeschichtlichen Studien, unterbrochen von Kriegsdienst – seit 1949 als freier Schriftsteller. Er schreibt Lyrik, Kurzprosa, Essays und Übersetzungen alter und moderner französischer Poesie. Unter dem Pseudonym **Leo Kettler** verfasste er auch journalistische Arbeiten, Funkmanuskripte und zeitkritische Verse. 1950 war er Mitarbeiter am Berliner Malerkabarett in der „Badewanne"; von 1969 bis 1971 Mitherausgeber von *Speichen – Jahrbuch für Dichtung* (Henssel Verlag, Berlin).

Die wichtigsten Veröffentlichungen:

GEDICHTE

Gläserne Ufer, Wuppertal 1957

Wagnis und Passion. Gedichte, Pfullingen 1960

Windbrüche. Gedichte, Berlin 1976

Gegenspur. Gedichte, Berlin 1977

Befragte Lichtungen. Gedichte, Waldbrunn 1985

Warum nicht Ithaka? Ausgewählte Gedichte, Aachen 1992

Hieb- & Stichfest. Streitsonette – Tenzone & Coda, mit Klaus M. Rarisch & al., Meiendorfer Druck No. 40, Robert Wohlleben Verlag, Hamburg 1996

Stumme Muse submarin. 33 Liebesgedichte aus fünf Jahrzehnten, mit 10 Radierungen von Walter Stöhrer, Edition Maldoror, Berlin 1997

Diese Nacht aus deinem Fleisch. Gesammelte Gedichte, Jeanne-Mammen-Gesellschaft, Berlin 2000

Magnetfeld. Gedichte, mit Radierungen von Gisela Rieffert, Edition Maldoror, Berlin 2001

Nachtseite. Gedichte, mit 5 Lithographien von Strawalde, Edition Maldoror, Berlin 2002

Die Suche nach dem Wasser. Gedichte, mit Radierungen von Rolf Szymanski, Edition Maldoror, Berlin 2004

Mitlesebuch 69, mit zwei Radierungen von Werner Stötzer, Aphaia Verlag, Berlin 2005

Prosa

Abfuhr und sieben Ermittlungen zur Poetik, Berlin 1985
Briefe aus Retentúdoparadix. Ein Essay, Berlin 1992

Übersetzungen (Auswahl)

Guillaume Apollinaire, *Poetische Werke*, Neuwied 1969 (in Zusammenarbeit mit Johannes Hübner u. a.)

Blasonneurs des 16. Jahrhunderts (Gilles d'Aurigny, Eustorg de Beaulieu, Victor Brodeau, Lancelot Carle, Claude Chappuys, Maclou de la Haye, Clément Marot, François Sagon, Mellin de Saint-Gelais, Maurice Sève), *Blasons auf den weiblichen Körper*, Berlin 1964, 1981

Marc Chagall, *Mein Leben*, Stuttgart 1959

René Char, *Dichtungen I / II*, Frankfurt / M. 1959 / 68 (mit Johannes Hübner)

René Char, *Lob einer Verdächtigen*, Frankfurt / M. 1989

Jacques Dupin, *Riffe*, Berlin 1960

ders., *Sehender Leib*, München 1969

Paul Éluard, *Unvergeßlicher Leib*, Bonn 1963

Jean Frémon, *Gleichung*, Hannover 1986

Yvan Goll, *Johann Ohneland*, Gedichte, Bd. 3 der Gesamtausgabe Yvan Goll, Die Lyrik in vier Bänden, Berlin 1996

André Pieyre de Mandiargues, *Monsieur Mouton – geliebter Kater*, Roman, Berlin 1995

Francis Ponge, *Gespräch mit André Breton und Pierre Reverdy*, Berlin 1983

Jeanne Mammen / Paul Verlaine, *Freundinnen / Amies*, 6 Lithographien / 5 Sapphische Sonette, Jeanne-Mammen-Gesellschaft, Berlin 2003

Geerdet

Gedichte 2000 - 2005